날마다
제주

안솔
글 · 그림

제주 곳곳을 천천히 여행하며 제주의 꽃과 사람, 별과 오름을 그녀만의 감성 수채화에 담고 있다. 제주에 늘 머무를 수는 없어도 제주를 사랑하고 그리워하는 이들이 그림 안에서 제주의 열두 달을 함께하며 그녀가 느꼈던 평안과 위안을 함께 나눌 수 있기를 꿈꾸는 '느린 그림 여행자'. 지은 책으로 《열두 달 제주》가 있다.

인스타그램 instagram.com/sol_ahn_
페이스북 facebook.com/solahn.art
이메일 solahn.art@gmail.com

김영권
사진

산티아고 순례길과 유럽을 돌아 제주의 자연에 취해 제주 동부에 터를 잡고 '그날의제주'라는 이름으로 시시각각 변하는 제주의 계절을 프레임에 담고 있다. 제주도 웨딩스냅, 가족스냅 촬영 작가로 활동하고 있다. 함께한 책으로 《열두 달 제주》가 있다.

인스타그램 instagram.com/the.day_in_jeju
블로그 blog.naver.com/naykun/220985601732
이메일 naykun@naver.com

날마다 제주

Jeju illustration

글
그림
안솔

인사이트
북스

날마다 제주

초판 1쇄 발행 _ 2018.11.13
초판 3쇄 발행 _ 2018.12.04

글 · 그림 _안솔
사진 _ 김영권

발행인 _ 홍성찬
발행처 _ 인사이트북스
출판신고 _ 2009년 6월 5일 제25100-2009-0017호
주소 _ 서울특별시 강북구 삼양로169길 34-12(우이동)(142-871)
대표전화 _ 070)8112-0846
팩시밀리 _ 064)784-9880
이메일 _ insightbooks@hanmail.net

ⓒ안솔, 김영권 저작권자와 맺은 특약에 따라 검인을 생략합니다.

ISBN 978-89-98432-50-8   13980

책값은 뒤표지에 있습니다.
잘못된 책은 구매하신 서점에서 바꾸어 드립니다.

억겁의 시간이 쌓인 대자연 앞에 서면 나의 존재는 늘 한없이 작고 초라해진다. 하지만 모순적이게도 그런 순간들이 나에겐 가장 큰 위로가 된다. 거대하게 느껴졌던 고민도 결국 아주 작은 점 하나일 뿐이고 끝나지 않을 것 같았던 고통도 결국 찰나일 뿐이라고 자연은 말없이 나를 토닥여준다. 마음이 지칠 때 숨어들어 숨을 고를 수 있는 이 섬이 우리 곁에 있어 얼마나 다행인지. 마음이 쉬어 가는 섬 제주가 주었던 위로를 매일 곁에 두고 느낄 수 있길 바라는 마음으로 정성스레 글을 쓰고 그림을 그렸다. 고된 하루를 마무리하는 순간만큼은 이 책 안에서 편히 쉬어가기를.

YEARLY PLAN

01
—
JAN

02
—
FEB

03
—
MAR

04
—
APR

05
—
MAY

06
—
JUN

07
—
JUL

08
—
AUG

09
—
SEP

10
—
OCT

11
—
NOV

12
—
DEC

1 2 3 4 5 6 7 8 9 10 11 12

SUNDAY	MONDAY	TUESDAY	WEDNESDAY

THURSDAY　　　　　　　FRIDAY　　　　　　　SATURDAY

마음까지 깨끗해질 것만 같은 어느 새하얀 겨울날.

_ 사려니숲길

MON /

TUE /

WED /

THU /

FRI /

SAT /

SUN /

싱그러운 귤 한 봉지, 시장 한 켠 작은 식당에서 먹는 든든한 밥 한 끼,
오일장을 기다려서 산 촌스러운 양말 몇 켤레.
소소하지만 마음을 꽉 채워 주는 일상의 작은 조각들. _ 세화오일장

MON /

TUE /

WED /

THU /

FRI /

SAT /

SUN /

별처럼 무수한 순간들 속에 우리가 지금 이 섬에서 맞닿았다는 엄청난 우연.

_ 한림읍 나홀로나무

MON /

TUE /

WED /

THU /

FRI /

SAT /

SUN /

평생을 그려도 부족할 이 아름다운 섬의 곳곳. _ 성산일출봉

MON /

TUE /

WED /

THU /

FRI /

SAT /

SUN /

제주살이의 작은 행복

제주 시골 마을에서 지내다 보면 손꼽아 기다리게 되는 날 중 하나가 바로 오일장이다. 도시에선 흔하게 있던 것들을 이곳에선 쉽게 구할 수 없기 때문이기도 하고 시골 특유의 사람 사는 냄새가 나는 시장 풍경이 좋아서이기도 하다. 양말 한 켤레나 편한 바지 하나를 사려고 해도 마땅한 곳이 없어 오일장만을 손꼽아 기다리게 된다.

그렇게 장이 서기를 며칠을 기다려 손에 쥔 물건들은 한눈에 봐도 어딘가 엉성하고 촌스러운 시장표 물건들이지만 왠지 그래서 더 정이 간다.

가을빛에 곱게 영글어 있는 과일들이 싱그럽고 사랑스러워서 눈을 떼지 못하고, 알록달록한 시장 옷들이 정겨워서 웃고, 제주산이라고 쓰여 있는 곡물 바구니들이 괜스레 신기하다. 시장 한구석에 서서 국수로 대충 끼니를 때우다가도 손님이 오면 노련한 손길로 생선을 다듬어 주시는 삼춘들 모습이 멋지고도 짠하다. 옷 가격을 여쭙는데 사장님이라고 불렀더니 삼춘이라고 불러야 육지사람 티가 안 난다는 농담이 돌아와 큭큭거리며 웃는다.

장이 열릴 때면 온 동네 사람들이 복작복작 모여들어 골목마다 활기가 돈다. 별다른 약속을 하지 않아도 걷다 보면 몇 번이나 반가운 얼굴들을 마주친다. 시장 안에 있는 허름하지만 맛 좋은 식당에서 뜨뜻한 국밥으로 든든히 배를 채우고 나면 타지 생활로 헛헛했던 마음 한구석도 뜨듯하게 데워진다.

자주 가는 과일 가게에 들러 육지에 있는 가족들에게 그리움을 담아 귤 한 상자를 보낸다. 도시에선 특별할 것 없었던 물건들이나 순간들이 자꾸만 짠하게 느껴져 제주에 내려와 감성 과잉이 되어 버린 내가 우스워 피식 웃음이 나기도 한다.

모든 것이 너무 쉽게 얻어지는 도시의 편리에 길들여져 살던 내가 한참을 기다려 필요한 것을 손에 쥘 때마다 여러 생각이 스친다. 많은 것이 너무 편리하고 당연했던 생활이 우리가 느낄 수 있었던 소소한 행복과 감사한 마음을 앗아 갔던 것은 아닐까. 아름다웠지만 아름다운 줄 모르고 지나쳤던 순간들과 고마웠지만 고맙게 여길 줄 몰랐던 존재들이 내 곁에 얼마나 많았던가. 정겹고도 정한 누군가의 삶의 터전에서 나는 매번 당연시 여기며 살았지만 결코 당연하지 않았던 존재들을 떠올린다.

MON /

TUE /

WED /

THU /

FRI /

SAT /

SUN /

MON /

FR

JN /

1 2 3 4 5 6 7 8 9 10 11 12

SUNDAY	MONDAY	TUESDAY	WEDNESDAY

THURSDAY
FRIDAY
SATURDAY

가만히 바라보고 있으면 마음까지도 함께 맑아질 것만 같은 투명한 바다.

_ 이호테우해변

MON /

TUE /

WED /

THU /

FRI /

SAT /

SUN /

지나온 시간들이 쌓여 손때가 묻어 있는 물건들이 좋다.
이 아이들은 어떤 시간을 돌고 돌아 이 멀리 제주까지 흘러들어 왔을까.
_ 월평동 리틀 포레스트

MON /

TUE /

WED /

THU /

FRI /

SAT /

SUN /

어떤 날은 한없이 너그럽고 따뜻하다가도 때로는 자연을 두렵게 만드는 바다.
누군가에겐 그저 아름다운 바다, 또 누군가에게는 애달픈 삶의 터전.

MON /

TUE /

WED /

THU /

FRI /

SAT /

SUN /

MON /

TUE /

WED /

THU /

FRI /

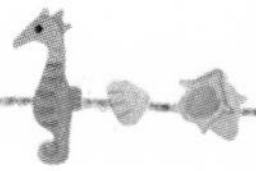

SAT /

SUN /

육지 헛똑똑이

제주에서는 지천에 펼쳐진 것이 밭이다 보니 도통 관심이 없던 나도 자연스럽게 밭으로 눈길이 간다. 밭이면 그저 다 똑같은 초록색 밭인 줄만 알았는데 자세히 들여다보니 밭에 심겨 있는 채소에 따라 색감 또한 무척 다양하다.

어느 날 무밭으로 짐작되는 곳을 지나가다가 저게 정말 무가 맞나 싶어 한걸음 가까이 다가가 들여다봤더니 푸른 줄기 아래로 땅 속에 묻힌 무가 마치 힌트라도 주듯 검은흙 위로 하얀 이마를 빼꼼 내밀고 있었다. 그동안 봤던 무는 모두 말끔히 씻긴 채 새하얀 얼굴을 하고 마트 매장에 곱게 앉아 있었는데 이마에 까만 흙을 잔뜩 묻힌 꼬질꼬질한 무라니. 그 모습이 귀엽고도 우스워 혼자 까르르 웃었다.

나는 평생 이렇게 과정 없이 결과만 보고 살았구나. 우리가 알고 있다고 생각하는 것들 중 실은 모르고 있던 것들이 참으로 많았겠구나 싶다.

도시에서 왔다고 시골을 더 이상 새로울 것 없는 곳으로 여겼던 나는 어찌나 아는 것이 없던지 대학까지 나온 나의 생활 지식은 종달초 학생보다도 못하다. 식물을 귀신 같이 구분해 내는 이곳 아이들을 볼 때면 다 큰 어른인 나는 제대로 아는 게 도대체 뭔가 싶다.

계절의 순환에 맞춰 밭을 일구는 제주 할망들을 지켜보면서 육지 헛똑똑이는 댕강 잘려진 알맹이만 보아 왔던 당근의 이파리가 어떻게 생겼는지도 배우고, 유채꽃으로 착각했던 노란 갯노물이 유채만큼이나 곱다는 것도 알게 되었다. 5월이면 청초한 하얀 귤꽃이 핀다는 것도, 가을에 동백씨앗을 주워 기름을 짜고 이곳저곳에 요긴하게 쓴다는 것도 배웠다. 제주와 연이 닿지 않았다면 아마도 평생 모르고 지나갔을 것들이다. 평생을 열매만 취할 줄 알았지 씨앗이 심어지고 줄기가 자라고 꽃이 피어나는 과정을 지켜볼 줄은 몰랐던 내가 제주에게서 열매만 보는 것이 아닌 과정을 보는 법을 배운다.

MON /

TUE /

WED /

THU /

FRI /

SAT /

SUN /

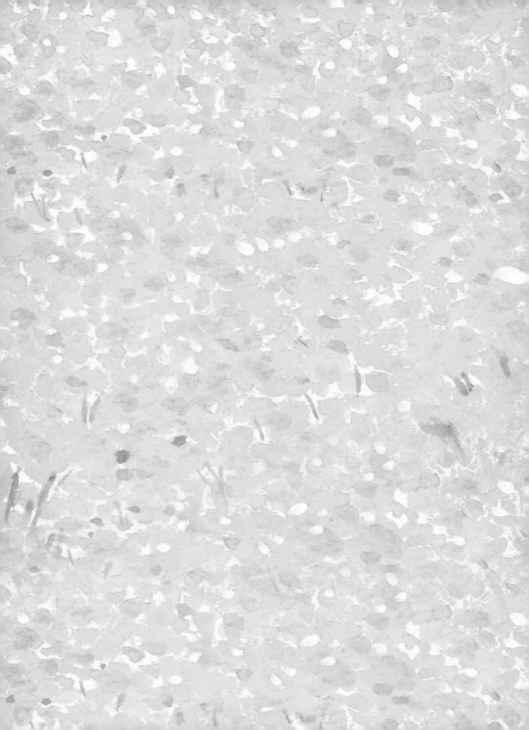

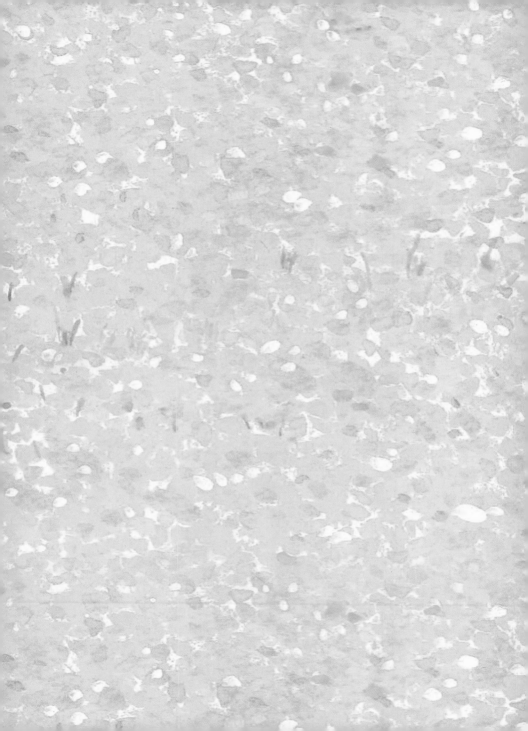

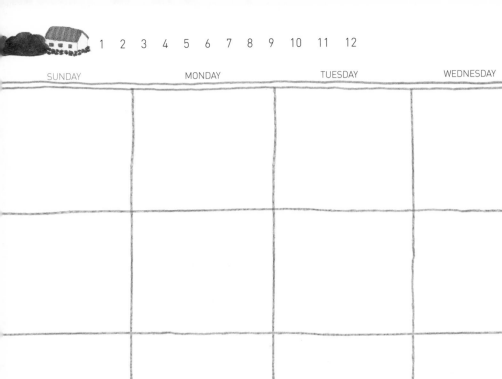

1 2 3 4 5 6 7 8 9 10 11 12

SUNDAY	MONDAY	TUESDAY	WEDNESDAY

THURSDAY

FRIDAY

지미봉에서 내려다본 아기자기하고 사랑스러운 종달리의 모습.
골목골목마다 많은 이들의 추억이 새겨져 있을 동쪽 끝 바닷가 마을.
_ 구좌읍 종달리

MON /

TUE /

WED /

THU /

FRI /

SAT /

SUN /

질문서점 '인공위성제주'. 이곳에 있는 책들은 모두 제목을 볼 수 없게 흰 커버로 덮여 있고
그 위로는 하나의 질문만이 적혀 있다. 질문에 대한 답을 주는 책을 고를 수 있도록.
돌이켜 보면 삶에 대한 모든 답은 질문으로부터 나왔다.

_ 안덕면 인공위성제주

MON /

TUE /

WED /

THU /

FRI /

SAT /

SUN /

온세상이 얼어붙던 추운 겨울을 견디고 나면
반드시 따스한 봄이 오듯이, 우리의 삶도 그렇게. _ 산방산 유채꽃

MON /

TUE /

WED /

THU /

FRI /

SAT /

SUN /

오름에서 마주하는 소와 말.
어딜 가나 쌓여 있는 높고 낮은 돌담.
제주에 있다는 것을 실감나게 해 주는 정겨운 풍경들.
_ 성읍리 영주산

MON /

TUE /

WED /

THU /

FRI /

SAT /

SUN /

제주의 사계

제주만큼 계절마다 다채로운 옷을 갈아입는 곳도 흔치 않다. 도시에서 지낼 때는 일 년 중에 기다리는 꽃이라고는 벚꽃이 전부일 정도로 자연의 변화에 무심했는데 이곳은 달마다 다양한 꽃이 피고 진다. 나는 제주에서 매월 꽃을 기다리는 설렘을 배운다.

늦은 겨울과 봄에는 매화와 유채, 벚꽃이 피고 지고, 고사리들을 쑥쑥 자라게 한다고 해서 고사리 장마라고 불리는 짧은 봄장마가 지나면 섬 곳곳에 푸른 청보리와 메밀꽃의 물결이 일렁인다.

초여름이 오면 장마의 시작을 알리는 수국이 풍성하게 피어나고 수국이 시들면 본격적인 여름을 뜻하는 능소화가 그 얼굴을 내민다. 가을바람이 불어오면 어느새 오름마다 억새가 뒤덮여 금빛 바다를 이루고, 따사로운 제주의 볕을 잔뜩 머금어 온 귤들도 탐스럽게 익어 간다. 겨울이 가까워지면 억새들은 조금씩 힘을 잃고 바짝 말라 가는 반면, 수많은 꽃들이 피고 지는 걸 가만히 지켜봐 왔던 동백이 드디어 붉은 꽃잎을 드러낸다. 봄부터 겨울까지 이렇게 놓치기 싫은 아름다움이 가득하기에 제주에서는 매달 꽃놀이를 하느라 숨 돌릴 틈 없이 바쁘고 그러다 보면 어느새 일 년이 훌쩍 지난다.

달력 속 숫자로만 알았던 자연의 주기를 이제는 피고 지는 꽃들을 보면서 몸소 느낀다. 자연의 일부인 나는 어쩜 이렇게 자연의 순환에 무딘 채로 살아왔을까. 한편으로는 각 계절마다 이렇게나 풍성한 행복이 있다는 것에 놀란다. 이전에는 더위도 추위도 싫어 봄가을만을 기다렸었는데 이제는 한 계절이 가는 것이 조금 서운해도 다음 계절이 보여 줄 아름다움을 알기에 계절이 바뀌는 것이 마냥 아쉽지만은 않다. 각 계절마다 다른 매력이 있기에 명확히 어느 계절이 가장 좋고 아름답다고 말하기는 어렵다.

삶의 계절도 꼭 젊은 날만이 아름다운 것이 아니라 각 시절마다 그 나이에만 느낄 수 있는 소소한 행복이 있지 않을까. 각 계절이 주는 선물을 놓치지 않고 제대로 만끽할 줄 안다면 매 순간이 모두 아름다운 시절이지 않을까.

MON /

TUE /

WED /

THU /

FRI /

SAT /

SUN /

1 2 3 4 5 6 7 8 9 10 11 12

SUNDAY	MONDAY	TUESDAY	WEDNESDAY

THURSDAY
FRIDAY
SATURDAY

벚꽃과 유채꽃이 끝없이 이어지는 황홀한 봄의 향연. _ 표선면 녹산로

MON /

TUE /

WED /

THU /

FRI /

SAT /

SUN /

시간이 흐르면 더욱더 그리워질 제주의 시간들.

MON /

TUE /

WED /

THU /

FRI /

SAT /

SUN /

짙은 어둠이 있어야 비로소 밝은 빛을 제대로 볼 수 있다.
밤하늘도, 우리의 삶도.

MON /

TUE /

WED /

THU /

FRI /

SAT /

SUN /

이 크고 아름다운 정원을 가꾸기까지
들였을 노력과 정성을 헤아려보며. _송당리 송당나무

MON /

TUE /

WED /

THU /

FRI /

SAT /

SUN /

꽃 피는 4월, 제주에서는

온 세상이 차갑게 얼어붙었던 긴 겨울이 지나고 4월이 오면 제주에도 완연한 봄이 찾아온다. 모진 겨울을 잘 견뎌 낸 것에 대한 선물이라도 하듯 사방에 벚꽃과 유채꽃이 흐드러지고 섬 전체가 활기를 띤다.

이렇게 봄볕 따스한 제주의 4월이 아름다운 줄만 알았지 남모를 아픔을 품고 있는 계절이라는 걸 알게 된 것은 그리 오래되지 않았다. 나 자신의 무지와 더불어 "속솜허라(조용히 하라)."는 말로 지난 수십 년간 그 아픔을 덮어 두고 금기시해야만 했던 제주 4.3 이후의 긴 세월 때문이기도 할 것이다.

당시 제주 인구의 약 10분의 1에 달하는 수많은 사람들의 무고한 죽음에도 불구하고 이 섬에 남은 깊은 상처는 그리 널리 알려지지 못했다. 누군가는 여전히 그날의 악몽을 떠올리며 괴로워하고, 소중한 사람을 잃은 이들의 고통은 긴 세월이 지나도 좀처럼 옅어지지 않는다. 지금은 마냥 예쁘게만 보이는 제주 시골 마을이나 바다, 폭포, 오름 등이 7년 7개월의 긴 세월동안 온통 끔찍한 학살의 현장이었던 걸 알게 된 후로는 이 섬을 마냥 낭만적이고 아름다운 곳으로만 봤던 내 무지함에 낯을 들 수 없이 죄스러웠다

많은 사람들이 제주 여행에 대한 설렘을 품고 도착하는 제주 공항 일대는 4.3 최대의 학살터였고, 널찍한 분화구가 멋있어서 좋아했던 다랑쉬오름 아래의 작은 동네는 마을 자체가 사라졌다. 맑은 바다가 아름다운 월정리는 군 주둔지였기에 그곳으로 끌려가는 것은 곧 죽음을 의미했다. 북촌리에서는 하룻밤 사이 300명이 넘는 사람이 죽임을 당한 후 남자가 없는 무남촌으로 불리게 되었다. 지금은 알록달록한 지붕들이 사랑스러운 시골 동네마다 4.3의 사연 없는 마을이 없다.

꽃잎이 한 장씩 떨어지는 것이 아니라 꽃 한 송이가 통째로 툭 떨어져 버리는 동백은 삽시간에 넋이 되어 버린 사람들을 닮았다고 하여 4.3을 상징하는 꽃이 되었다.

고운 그해 봄날, 스러져갔을 무수한 사람들을 떠올리면 이 섬의 아름다움만을 찬양했던 내 자신이 한없이 부끄러워진다. 가장 비극적이고 아픈 일을 겪은 제주가 지금은 평화의 섬으로 불리며 사람들에게 가장 큰 위로가 되어 주는 이 모순 속에서 제주가 우리에게 준 위로에 보답하려면 우리도 제주가 가진 아픔을 함께 보듬어 주어야 하지 않을까.

MON /

TUE /

WED /

THU /

FRI /

SAT /

SUN /

1 2 3 4 5 6 7 8 9 10 11 12

SUNDAY	MONDAY	TUESDAY	WEDNESDAY

THURSDAY

FRIDAY

SATURDAY

따가운 한낮의 볕 아래서도 잠시 쉬어 갈 수 있게 해 주는 나무 그늘처럼
우리의 삶에도 나무 그늘 같은 존재들이 가득하길.

MON /

TUE /

WED /

THU /

FRI /

SAT /

SUN /

혼자서는 아무것도 아닌 것 같은 작은 점들을 하나씩 찍어 나가다 보면
어느새 고운 꽃밭을 이룬다. 아주 작은 순간순간을 성실하게 채워 나가다 보면
마침내 그려지게 될 우리의 큰 그림. _ 오라동 메밀밭

MON /

TUE /

WED /

THU /

FRI /

SAT /

SUN /

따스한 5월이 되면 귤나무에는 청초한 하얀 꽃이 핀다.
제주와 연이 닿지 않았더라면 아마 평생 모르고 지나갔을지도 모를 귤꽃의 모습.

MON /

TUE /

WED /

THU /

FRI /

SAT /

SUN /

MON /

TUE /

WED /

THU /

FRI /

SAT /

SUN /

씨앗도 꽃도 열매도, 우리 삶의 모든 과정은 아름답다.

MON /

TUE /

WED /

THU /

FRI /

SAT /

SUN /

SUNDAY	MONDAY	TUESDAY	WEDNESDAY

THURSDAY   FRIDAY   SATURDAY

가시투성이 선인장도 자신만의 꽃을 피우더라.

_ 월령리 선인장군락지

MON /

TUE /

WED /

THU /

FRI /

SAT /

SUN /

섬 속의 작은 섬 우도. 제주에서 우도로 향하는 배에 오르면 그 순간부터
여행 속 또 다른 여행이 시작된다. _ 우도 서빈백사

MON /

TUE /

WED /

THU /

FRI /

SAT /

SUN /

지루한 긴 장마가 시작되기 전 자연은 풍성한 수국으로
우리의 마음을 달래 준다. _ 송악산 둘레길

MON /

TUE /

WED /

THU /

FRI /

SAT /

SUN /

MON /

TUE /

WED /

THU /

FRI /

SAT /

SUN /

제주에 오기 전에는 이름도 몰랐던 꽃, 산수국. 제주에서는 매달 그 달의 꽃을
기다리는 설렘을 배우고, 무심코 지나쳤던 작은 풀과 작은 꽃들의 이름을 알아 간다.

MON /

TUE /

WED /

THU /

FRI /

SAT /

SUN /

1　2　3　4　5　6　7　8　9　10　11　12

SUNDAY	MONDAY	TUESDAY	WEDNESDAY

THURSDAY

FRIDAY

SATURDAY

바닷가를 따라 하염없이 걸어도 좋은 여름 밤.
한치 배가 밤바다에 수놓은 빛은 여름밤의 낭만을 더해 준다. _ 신창풍차해안도로

MON /

TUE /

WED /

THU /

FRI /

SAT /

SUN /

끝없이 푸르게 펼쳐진 녹차밭과 한라산이 한눈에 보이는 곳. _ 성읍리 오늘은 녹차한잔

MON /

TUE /

WED /

THU /

FRI /

SAT /

SUN /

MON /

TUE /

WED /

THU /

FRI /

SAT /

SUN /

맑은 날도 흐린 날도 바다는 그 존재 자체로 고맙고
소중해서 오래도록 곁에 머물고 싶다. _ 금능해변

MON /

TUE /

WED /

THU /

FRI /

SAT /

SUN /

제주 곳곳에 피어난 능소화는 여름의 시작을 알리고
능소화가 하나둘 지기 시작하면 여름을 떠나보낼 마음의 준비를 한다.

MON /

TUE /

WED /

THU /

FRI /

SAT /

SUN /

1 2 3 4 5 6 7 8 9 10 11 12

SUNDAY	MONDAY	TUESDAY	WEDNESDAY

THURSDAY

FRIDAY

SATURDAY

조용한 마을 소길리에 위치한 포근한 그릇가게 _ 소길리 모랑모랑

MON /

TUE /

WED /

THU /

FRI /

SAT /

SUN /

이른 아침 고요한 숲길 산책하기, 하루가 다르게 피어나는 꽃들에 눈길 주기,
맑은 날이면 밤하늘을 찬찬히 들여다보기. 그렇게 마음이 쉬어 갈 수 있는
말랑말랑한 순간들을 늘려 가기.

MON /

TUE /

WED /

THU /

FRI /

SAT /

SUN /

각기 다른 색을 하고 있는 너와 내가 헤엄치며 살아가는 우리의 바다.
정답이 없이 각자가 가지고 있는 고유한 색이 모두 아름다운.

MON /

TUE /

WED /

THU /

FRI /

SAT /

SUN /

길을 걷다가 돌담 너머로 고개를 빼꼼 내밀고 쳐다보는 해녀 삼춘댁 강아지 두 마리와
눈이 마주쳤다. 제주 강아지들은 왠지 "어디 감수광?" 하고 말을 걸어올 것만 같다.

MON /

TUE /

WED /

THU /

FRI /

SAT /

SUN /

반복되는 일상에 지칠 때 언제든 숨어들어 숨을 고를 수 있는
이 섬이 있어 얼마나 다행인지. _ 함덕 서우봉

MON /

TUE /

WED /

THU /

FRI /

SAT /

SUN /

1 2 3 4 5 6 7 8 9 10 11 12

SUNDAY	MONDAY	TUESDAY	WEDNESDAY

THURSDAY	FRIDAY	SATURDAY

커피 한 모금만큼 따뜻한 풍경 한 모금 _ 신창리 일루올레

MON /

TUE /

WED /

THU /

FRI /

SAT /

SUN /

누군가의 정성이 가득 들어간 음식에는 마음까지도 꽉 채워 주는 힘이 있다.

_ 한림리 씨리얼

MON /

TUE /

WED /

THU /

FRI /

SAT /

SUN /

하루가 저물고 노을이 하늘과 바다를 물들이는 시간이면 그날의 고민과 걱정은
저 바다에 흘려보낸다. 잘하고 있다고 반짝반짝 한치 배가 말없이 위로를 건넨다.

MON /

TUE /

WED /

THU /

FRI /

SAT /

SUN /

뜨겁던 여름을 지나 단 며칠 사이에 바람에서 서늘한 기운이 느껴진다.
끝나지 않을 것만 같았던 계절이 지나갈 때마다 자연은 우리에게
결국 다 찰나이니 일희일비 하지 말라고 일러 주는 것만 같다.

MON /

TUE /

WED /

THU /

FRI /

SAT /

SUN /

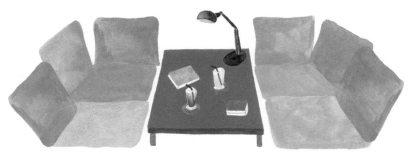

그림 같은 풍경을 보여 주는 창가에 앉아
책에 둘러싸여 보내는 포근한 시간. _ 조수리 유람위드북스

MON /

TUE /

WED /

THU /

FRI /

SAT /

SUN /

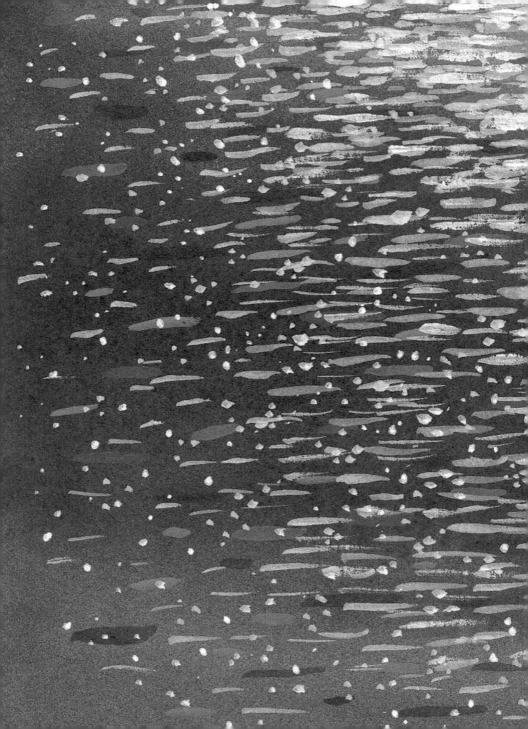

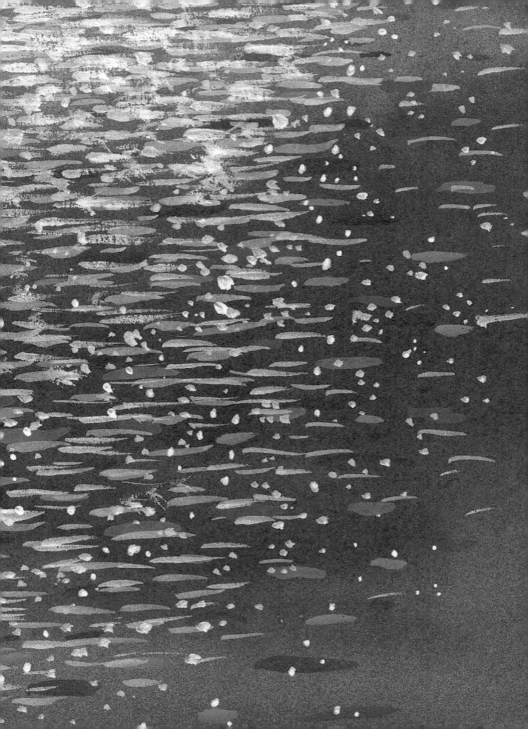

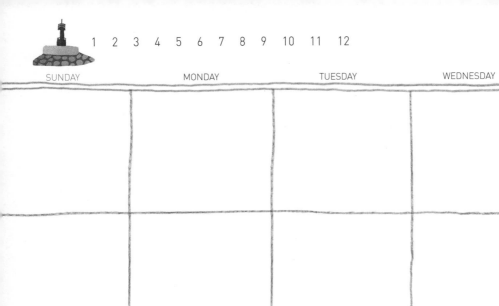

SUNDAY	MONDAY	TUESDAY	WEDNESDAY

1 2 3 4 5 6 7 8 9 10 11 12

THURSDAY

FRIDAY

SATURDAY

'저승에서 벌어 이승에서 쓴다'는 제주 해녀의 강인함과
고단한 삶을 떠올리면 괜스레 코끝이 찡해진다.

MON /

TUE /

WED /

THU /

FRI /

SAT /

SUN /

별이 쏟아지는 밤의 오름

처음에는 무섭기만 하고 도통 적응이 안 되었던 제주의 까만 밤이 지내다 보니 좋은 점도 있다. 가로등조차 희미한 제주 시골 동네에서는 맑은 날이면 집 앞 골목에서 올려다봐도 신기할 정도로 많은 별이 보인다. 어딜 가든 인공의 불빛을 피할 수 없는 도시에서는 머리 바로 위에 수많은 별들이 있어도 그 존재를 잘 모르고 살았던 것이다.

그보다 더 제대로 된 밤하늘을 보고 싶다면 늦은 밤 오름으로 별 구경을 가면 된다. 하늘이 유난히 맑은 날을 기다렸다가 단단히 채비를 하고 길을 나선다. 오름으로 가기 위해서는 가로등 하나 없는 칠흑 같은 중산간 도로를 지나야 한다. 좀처럼 다른 차도 구경하기 힘든 시간이니 오직 내 차에서 나오는 라이트에만 의지해 굽이굽이 어두운 산길을 오른다. 늦은 밤 중산간 도로에서 운전을 하다 보면 고라니라도 튀어나오는 건 아닐까 온 신경이 곤두선다. 그렇게 조심조심 차를 몰아 더 깊은 어둠을 찾아 숨어들어 간다.

새벽의 오름에서 마주하는 어둠은 생전 본 적이 없는 짙고 짙은 어둠이다. 모든 인위적인 불빛이 차단된 자연 그대로의 밤. 그 새까만 어둠이 주는 두려움을 견뎌 내고 오름 정상에 오르면 도시에서는 볼 수 없을 별이 쏟아지는 밤하늘이 기다리고 있다. 저렇게 많은 별들이 그동안 어디에 숨어 있었나 싶을 만큼 황홀한 밤의 풍경은 하염없이 하늘을 올려다보게 한다.

별이 쏟아지는 하늘과 더불어 새벽녘 오름 정상에서 보는 주변 풍경 또한 경이롭다. 달빛 아래로 아스라이 보이는 크고 작은 오름들은 숨소리 하나 내지 않고 자리마다 겹겹이 누워 있다. 그 모습을 보고 있으면 각각의 오름이 모두 잠들어 쉬고 있는 하나의 생명체처럼 느껴지고 오름마다 크고 작은 신들이 깃들어 있지는 않을까 하는 생각이 든다. 아무도 없는 새벽 오름의 풍경 속에 있으면 마치 이 대자연이 지금 이 순간 오직 나만을 위해 존재하는 것 같다. 이렇게 제주의 어둠은 밝을 때엔 절대 볼 수 없는 것들을 보여 준다. 깊은 어둠이 없었다면 볼 수 없었을 별들을 올려다보면서 짙은 어둠이 있어야만 비로소 밝은 빛도 제대로 볼 수 있다는 것을 깨닫는다. 앞으로는 삶이 긴 어둠의 터널을 지나가는 것만 같을 때면 짙은 어둠이 있어야만 밝은 빛도 제대로 볼 수 있는 거라고 밤의 오름이 주었던 그날의 가르침을 떠올릴 것이다.

MON /

TUE /

WED /

THU /

FRI /

SAT /

SUN /

커다란 달에서 흘러나온 달빛이 온 바다에 쏟아져
끊임없이 반짝이던 제주의 어느 밤.

MON /

TUE /

WED /

THU /

FRI /

SAT /

SUN /

해야 하는 일로 채우는 하루가 아닌, 하고 싶은 일로 하루를 채우는 시간, 여행.

_ 세화 바다

MON /

TUE /

WED /

THU /

FRI /

SAT /

SUN /

MON /

TUE /

WED /

THU /

FRI /

SAT /

SUN /

SUNDAY	MONDAY	TUESDAY	WEDNESDAY

THURSDAY

FRIDAY

SATURDAY

잠시 힘든 것을 참고 오름 정상에 오르면
이내 그림 같은 장면이 눈앞에 펼쳐진다.
마치 여기까지 올라오느라 고생했다고 주는 선물 같은 풍경이.

_ 새별오름

MON /

TUE /

WED /

THU /

FRI /

SAT /

SUN /

매 순간이 즐거운 소풍 같은 제주에서의 나날들_ 행원리 행온

MON /

TUE /

WED /

THU /

FRI /

SAT /

SUN /

여름내 무더위에 지쳐 있던 몸과 마음에 시원한 가을바람이 불어온다.
지난 계절 내내 고여 있던 고민과 걱정도 가을바람과 함께 지나간다.

MON /

TUE /

WED /

THU /

FRI /

SAT /

SUN /

MON /

TUE /

WED /

THU /

FRI /

SAT /

SUN /

겨울이 다가오면 제주 도처에서 볼 수 있는 싱그러운 귤밭. 곱게 영글어
반질반질 빛을 내는 귤의 매끈한 얼굴은 무척이나 싱그럽고 사랑스럽다.

MON /

TUE /

WED /

THU /

FRI /

SAT /

SUN /

1 2 3 4 5 6 7 8 9 10 11 12

SUNDAY	MONDAY	TUESDAY	WEDNESDAY

한 땀 한 땀 정성 어린 손길로 채워진 특별한 공간 _ 저지리 쏘잉싸롱

MON /

TUE /

WED /

THU /

FRI /

SAT /

SUN /

자연의 계절에도 삶의 계절에도 그 계절에만 볼 수 있는 아름다움이 있다.
그래서 따뜻한 계절도 추운 계절도 모든 계절은 아름답다. _ 성읍리 백악이오름

MON /

TUE /

WED /

THU /

FRI /

SAT /

SUN /

나의 계절에 나의 꽃을 피우자.
비록 조금 늦더라도 내 자리에서 더 단단히 뿌리를 내리면서.
모두가 잠든 계절에 고고히 붉은 꽃을 피우는 동백처럼.

MON /

TUE /

WED /

THU /

FRI /

SAT /

SUN /

여행에서의 기억을 마음 한켠에 차곡차곡 쌓아 두고
일상에 지칠 때 꺼내어 보기.

MON /

TUE /

WED /

THU /

FRI /

SAT /

SUN /

이기적 제주 여행자

오래간만에 이른 아침 몸을 일으켜 바닷가로 산책을 나온 날이었다. 하늘은 구름 한 점 없이 맑았고 맑은 하늘만큼 바다 또한 유난히 투명했다. 바다가 너무 예뻐서 오랜만에 부지런을 떨길 잘했다고 생각하며 해안도로를 따라 걷는데 걷다 보니 몸이 휘청거릴 정도의 거센 바닷바람이 끊임없이 불어왔다. 한참을 거친 바람에 맞서 가며 걷다 보니 나중에는 나도 모르게 속으로 욕이 튀어나왔다.

'거, 바람 한번 정말 지랄 맞네.'

아무리 바다가 예쁘다지만 몸을 가누기 힘들 정도의 바람 때문에 슬슬 짜증이 비집고 올라왔다. 그러다가 문득 그런 내 모습이 어이없게 느껴져 웃음이 나왔다. 바다는 좋은데 바닷바람은 싫다니. 이것도 바다의 일부인 것을.

가만히 돌이켜 보니 비단 이뿐만이 아니다. 바닷가라 좋다면서 바닷바람이 지랄 맞다 욕을 하는 것은 물론이고 번잡한 도시가 싫어 한적한 시골 마을에 왔으면서 시골살이의 불편함이나 지루함에 대해 투덜대며 늦게까지 여는 가게나 어디든 쉽게 갈 수 있었던 지하철 같은 도시의 편리함을 그리워했던 내 모습, 집 앞에 푸른 밭이 예쁘게 펼쳐진 것은 좋지만 그 때문에 집에 벌레가 많은 것은 싫어하던 나. 자연이 주는 행복은 누리고 싶으면서 자연이 주는 불편은 조금도 감수하고 싶어 하지 않았던 이기적인 내 모습들이 스쳐 지나갔다.

나쁜 점은 쏙 빼놓고 좋은 점만 취하고 싶은 인간의 마음은 얼마나 이기적인가. 내가 한 선택에 따라오는 그림자까지도 있는 그대로 받아들일 줄 모른다면 나는 제주가 아니라 그어떤 곳에서도 온전히 행복할 줄 모르고 가지지 못한 부분에 대해 아쉬워하며 살 것이다. 어쩌면 가장 중요한 것은 내가 어느 곳에 있느냐가 아니라 어떠한 마음과 태도를 가지고 그곳에서 살아가는가이니까.

MON /

TUE /

WED /

THU /

FRI /

SAT /

SUN /

BUCKET LIST

PERSONAL INFORMATION

NAME

MOBILE

ADD